André Boccato & Estúdio CookLovers
Mini Bolos para Lanches
receitas tradicionais, light e com ingredientes funcionais

cozinhar faz amigos

mini bolos para lanches

prazer, saúde e praticidade ao alcance da família gourmet

♥ Cozinhar por prazer e por diversão está provado: pode ser uma terapia contra o estresse do dia a dia. Ir para a cozinha, fazer receitas e ainda brincar com os filhos – e permitir que eles se divirtam e aprendam enquanto brincam de chefs – pode ser uma das agradáveis possibilidades inspiradas neste livro de gostosuras. Se a proposta é realizar receitas muito práticas, com opções de ingredientes saudáveis e light, e ainda por cima deliciosas, a equação está mais que resolvida.

♥ Pensando nisso, CookLovers traz edições que falam direto ao paladar e lança a mais nova série dedicada ao assunto: um projeto para inspirar e facilitar a vida do gourmet do século XXI. Ainda propõe, com arte e simplicidade, o prazer de comer bem, sem esforço ou consumo de tempo, para realmente se divertir e relaxar com a culinária. E mais: sempre uma alternativa da receita com "ingredientes funcionais" – para quem desejar ficar com mais saúde ainda!

♥ *Mini Bolos para Lanches* fornece um passo a passo despretensioso, de fácil manuseio, em receitas deliciosamente apetitosas e atraentes, com ingredientes saudáveis. Imagine o aroma promissor que irá se espalhar, quando os bolinhos estiverem no forno, deixando todos em casa encantados e intrigados... E o melhor de tudo: tão simples e fácil de realizar, que se pode até incluir a energia das crianças na aventura culinária.

♥ Um mini bolo caseiro, em formato tão preciso e divertido, pode fazer a vez de uma refeição rápida, pode abrilhantar o café matinal, um lanche da tarde ou da noite, ou acompanhar o cafezinho da visita: ele terá sempre aquele ar de mimo, de uma gentileza extra. Em matéria de "terapia culinária", fazer bolos e bolinhos é recomendação de primeira ordem. Para tanto, a CookLovers já prepara os próximos volumes da série *Mini Bolos*, que trarão novas e divertidas receitas.

♥ Acompanham os kits da CookLovers a apresentação das revolucionárias formas de silicone, ideais para todos os tipos de assados em forno doméstico. São levíssimas, flexíveis, facílimas de limpar e conservar. Garantem os mais variados formatos de bolos, tortas, doces e outros, e uma apresentação impecável final do prato, pois facilitam aquela tarefa árdua e arriscada de retirar a receita da forma. As formas de silicone suportam tranquilamente as temperaturas do forno e podem também ir ao freezer. É claro que todas as receitas da coleção CookLovers podem ser finalizadas em formas de materiais tradicionais. O resultado, em termos de sabor, consistência, etc., será igualmente garantido. Quanto à estética, ao design e à apresentação final do prato, a melhor recomendação é optar sempre pelas facilidades das novas tecnologias. Basta conferir pelas imagens do nosso livro e ver que as receitas, acima de tudo, causam a melhor das impressões.

receitas em versão dupla
alimentos light e funcionais, os aditivos da saúde total

♥ Depois de criada, cada receita foi testada pela equipe de cozinha experimental Estúdio CookLovers. E, depois, novamente testada. As receitas CookLovers sempre propõem a substituição de alguns ingredientes por alternativas ainda mais saudáveis, trazendo alimentos light e os chamados alimentos funcionais, em pó.

♥ E o que vêm a ser os "alimentos funcionais"? São os chamados alimentos naturais, preventivos e auxiliares no controle dos vários desequilíbrios que podem comprometer a saúde e a boa forma. Alguns deles, como certos grãos e cereais, castanhas, sementes e frutas secas, costumam figurar nas dietas mais modernas, como os compostos ou suplementos nutricionais (mix de farinhas e sementes, farelos e grãos muito ricos em fibra vegetal), complementos que ficaram conhecidos como "ração humana", ou melhor: o Alimento Funcional em Pó.

♥ Sob a consultoria da médica e nutróloga Cristiane Coelho foi elaborada uma alternativa para cada receita, em versão balanceada e absolutamente light, e ainda muito mais saudável, em toda a coleção CookLovers. A mesma receita, porém com a indicação de suplementos funcionais e menos calóricos. Estas versões, light e com alimentos funcionais, se encontram em destaque ao final de cada receita.

André Boccato

Mini Bolos para Lanches

Cook Lovers

índice

Bolo Chocouva 6

Bolo de Tapioca 8

Bolo de Batata-Doce 12

Bolo de Maçã em Pedaços 13

Bolo de Coco Fresco 16

Bolo de Melado e Farinha Láctea 19

Bolo de Fubá com Chocolate 20

Bolo de Laranja com Pera 23

Bolo Moreno 24

Bolo de Gergelim 27

Bolo de Mandioquinha 30

Mini Cuca de Banana com Goiabada 31

Bolo de Refrigerante e Banana 34

Bolo de Abobrinha 37

Bolo de Milho com Calda e Coco 38

Bolo Branco de Brigadeiro 41

Passo a passo 42

Alimentos light, diet e funcionais 44

Dicas para uma cozinha sustentável 45

Bolo Chocouva

ingredientes
- 1/4 de xícara (chá) de tapioca granulada
- 1/4 de tablete de manteiga sem sal em temperatura ambiente (50g)
- 1/3 de xícara (chá) de açúcar (57g)
- 1 ovo médio
- 1/2 xícara (chá) de farinha de trigo (50g)
- 1 colher (sopa) de chocolate em pó (18g)
- 1/3 de xícara (chá) de leite (67ml)
- 1 colher (chá) de fermento em pó (6g)
- margarina para untar

cobertura
- 1/2 lata de leite condensado (198g)
- 1/2 embalagem de pó para gelatina sabor uva (43g)

modo de preparo
Unte as formas com margarina, enfarinhe e reserve. Na batedeira, bata a manteiga e o açúcar até formar um creme e junte o ovo. Peneire juntos a farinha e o chocolate. Adicione a mistura ao creme, alternando com o leite. Acrescente o fermento e coloque nas formas. Leve ao forno em temperatura média (200°C) por cerca de 30 minutos. Deixe amornar e desenforme.

cobertura
Em uma panela, coloque todos os ingredientes e leve ao fogo baixo, mexendo sempre, até ferver. Desligue e despeje ainda quente sobre os bolinhos.

rendimento: 3 porções
tempo de preparo: 20 minutos
tempo de forno: 30 minutos

que tal utilizar ingredientes funcionais?
♥ Substitua 1/4 de farinha de trigo por aveia em flocos.
♥ Substitua o leite comum por leite de soja.
♥ Acrescente 1/2 colher (sopa) de Alimento Funcional em Pó à massa antes de colocá-la na forma.

para ficar + light
♥ O leite, o leite condensado e a gelatina de uva podem ser substituídos pela versão light desses produtos (veja a receita do leite condensado light na página 46).
♥ O açúcar pode ser substituído por adoçante culinário, na mesma quantidade ou seguindo as recomendações da embalagem.
♥ A manteiga pode ser substituída por margarina light, na mesma quantidade.
♥ O chocolate em pó pode ser substituído por cacau em pó, que não contém açúcar.

Bolo de Tapioca

ingredientes
- 1/4 de xícara (chá) de tapioca granulada (38g)
- 1/2 xícara (chá) de leite (100ml)
- 1/4 de xícara (chá) de leite de coco (50ml)
- 1/2 colher (sopa) de margarina sem sal (12,5g)
- 1/3 de xícara (chá) de açúcar (57g)
- 1/3 de xícara (chá) de farinha de trigo (34g)
- 1/3 de xícara (chá) de iogurte natural (67g)
- 1 colher (chá) de fermento em pó (6g)
- 1 clara média em neve
- margarina para untar

modo de preparo
Coloque a tapioca de molho no leite misturado com o leite de coco, por 3 horas. Unte as formas com margarina, enfarinhe e reserve. Bata a margarina e o açúcar até formar um creme. Junte a tapioca, a farinha, o iogurte e o fermento em pó. Bata até misturar bem os ingredientes. Incorpore, delicadamente, a clara batida em neve. Passe para as formas e leve ao forno em temperatura média (200ºC) por cerca de 30 minutos. Sirva quente ou frio.

rendimento: 3 porções
tempo de preparo: 3 horas e 20 minutos
tempo de forno: 30 minutos

que tal utilizar ingredientes funcionais?
♥ Substitua a farinha de trigo branca por farinha de trigo integral, na mesma quantidade.

♥ Acrescente 1/2 colher (sopa) de Alimento Funcional em Pó à massa antes de colocá-la na forma.

♥ Acrescente 1/2 colher (sopa) de farinha de aveia à massa antes de colocá-la na forma.

para ficar + light
♥ O leite, o leite de coco e a margarina podem ser substituídos pela versão light desses produtos.

♥ O iogurte utilizado pode ser o desnatado.

♥ O açúcar pode ser substituído por adoçante culinário, na mesma quantidade ou seguindo as recomendações da embalagem.

Bolo de Batata-Doce
receita na página 12

Bolo de Batata-Doce

ingredientes

- 1/4 de tablete de manteiga em temperatura ambiente (50g)
- 1/4 de xícara (chá) de açúcar (43g)
- 1/4 de lata de leite condensado (98g)
- 1 ovo médio
- 3/4 de xícara (chá) de batata-doce cozida e passada no espremedor de legumes (83g)
- 1/2 xícara (chá) de farinha de trigo (50g)
- 1/2 colher (chá) de essência de baunilha (1g)
- 1 colher (chá) de fermento em pó (6g)
- margarina para untar

veja o vídeo do passo a passo no site
www.cooklovers.com.br

modo de preparo

Unte as formas com margarina, enfarinhe e reserve. Na batedeira, bata a manteiga, o açúcar e o leite condensado. Junte o ovo e bata mais um pouco. Adicione a batata-doce, a farinha de trigo, a baunilha e o fermento, batendo sempre. Passe a mistura para as formas e leve ao forno em temperatura média (200°C) por cerca de 30 minutos. Sirva quente ou frio.

rendimento: 3 porções
tempo de preparo: 20 minutos
tempo de forno: 30 minutos

que tal utilizar ingredientes funcionais?

♥ Substitua 1/4 de xícara (chá) de farinha de trigo por quinua em flocos.

♥ Acrescente 1/2 colher (sopa) de Alimento Funcional em Pó à massa antes de colocá-la na forma.

♥ Acrescente 1/2 colher (sopa) de extrato de soja à massa antes de colocá-la na forma.

para ficar + light

♥ O leite condensado pode ser substituído pela versão light desse produto (veja receita na página 46).

♥ O açúcar pode ser substituído por adoçante culinário, na mesma quantidade ou seguindo as recomendações da embalagem.

♥ A manteiga pode ser substituída por margarina light, na mesma quantidade.

Bolo de Maçã em Pedaços

ingredientes
- 1 ovo médio
- 1/2 xícara (chá) de açúcar (85g)
- 1/2 colher (sopa) de margarina (12,5g)
- 3/4 de xícara (chá) de farinha de trigo (75g)
- 1/2 colher (chá) de canela em pó (1g)
- 1 colher (chá) de uvas-passas claras (4g)
- 1 maçã descascada e picada em pedaços médios (150g)
- 1 colher (chá) de fermento em pó (6g)
- açúcar e canela em pó para polvilhar
- margarina para untar

veja o vídeo do passo a passo no site
www.cooklovers.com.br

modo de preparo
Unte as formas com margarina, enfarinhe e reserve. Bata bem o ovo e o açúcar. Adicione a margarina, a farinha de trigo, a canela, as uvas-passas, a maçã e o fermento. Passe a mistura para as formas, polvilhe o açúcar misturado com a canela e leve ao forno em temperatura média (200ºC) por cerca de 30 minutos. Deixe amornar e desenforme.

rendimento: 3 porções
tempo de preparo: 20 minutos
tempo de forno: 30 minutos

que tal utilizar ingredientes funcionais?
♥ Acrescente 1/2 colher (sopa) de Alimento Funcional em Pó à massa antes de colocá-la na forma.
♥ Substitua 1/4 de xícara (chá) de farinha de trigo por aveia em flocos finos.
♥ Acrescente 1 colher (sopa) de grãos de trigo cozidos à massa antes de colocá-la na forma.

para ficar + light
♥ A margarina pode ser substituída pela versão light desse produto.
♥ O açúcar da massa pode ser substituído por adoçante culinário, na mesma quantidade ou seguindo as recomendações da embalagem.
♥ Polvilhe a canela sem o açúcar antes de assar o bolo.

Bolo de Maçã em Pedaços

receita na página 13

Bolo de Coco Fresco

ingredientes
- 2 colheres (sopa) de manteiga em temperatura ambiente (50g)
- 1/3 de xícara (chá) de açúcar (57g)
- 1 ovo médio
- 1/2 xícara (chá) de coco fresco ralado (26g)
- 1/4 de xícara (chá) de farinha de trigo (25g)
- 1/4 de xícara (chá) de farinha de aveia (25g)
- 1 colher (chá) de fermento em pó (6g)
- margarina para untar

modo de preparo
Unte as formas com margarina, enfarinhe e reserve. Bata, na batedeira, a manteiga com o açúcar até formar um creme leve. Junte o ovo e bata mais um pouco. Adicione o coco, a farinha de trigo, a farinha de aveia e o fermento. Passe a mistura para as formas e leve ao forno em temperatura média (200ºC) por cerca de 30 minutos. Sirva quente ou frio.

rendimento: 3 porções
tempo de preparo: 20 minutos
tempo de forno: 30 minutos

que tal utilizar ingredientes funcionais?
- Substitua a farinha de trigo branca por farinha de trigo integral, na mesma quantidade.
- Acrescente 1/2 colher (sopa) de Alimento Funcional em Pó à massa antes de colocá-la na forma.
- Acrescente 1 colher (sopa) de avelãs picadas à massa antes de colocá-la na forma.

para ficar + light
- O açúcar pode ser substituído por adoçante culinário, na mesma quantidade ou seguindo as recomendações da embalagem.
- A manteiga pode ser substituída por margarina light, na mesma quantidade.

Bolo de Melado e Farinha Láctea

ingredientes
- 1 colher (sopa) de manteiga em temperatura ambiente (25g)
- 2 colheres (sopa) de açúcar (38g)
- 1/4 de xícara (chá) de melado de cana (70g)
- 1/4 de xícara (chá) de leite (50ml)
- 1/4 de xícara (chá) de farinha de trigo (25g)
- 1/3 de xícara (chá) de farinha láctea (38g)
- 1 colher (chá) de fermento em pó (6g)
- 1 clara média
- margarina para untar

modo de preparo
Unte as formas com margarina, enfarinhe e reserve. Bata, na batedeira, a manteiga com o açúcar até formar um creme leve. Adicione o melado, o leite, a farinha de trigo, a farinha láctea e o fermento. Bata a clara em neve e adicione à massa, delicadamente. Passe a mistura para as formas e leve ao forno em temperatura média (200°C) por cerca de 30 minutos. Sirva quente ou frio.

rendimento: 3 porções
tempo de preparo: 20 minutos
tempo de forno: 30 minutos

que tal utilizar ingredientes funcionais?
♥ Acrescente 1/2 colher (sopa) de Alimento Funcional em Pó à massa antes de colocá-la na forma.

♥ Substitua a farinha de trigo branca por farinha de trigo integral, na mesma quantidade.

♥ Acrescente 1 colher (sopa) de tahine à massa antes de colocá-la na forma.

para ficar + light
♥ O leite utilizado na receita pode ser o desnatado.

♥ O açúcar e o melado de cana podem ser substituídos por adoçante culinário nas mesmas quantidades, ou seguindo as recomendações da embalagem. Se o melado for substituído, deve-se acrescentar 1/3 de xícara (chá) de leite desnatado à receita.

♥ A manteiga pode ser substituída por margarina light, na mesma quantidade.

Bolo de Fubá com Chocolate

ingredientes
- 1/4 de xícara (chá) de manteiga em temperatura ambiente (45g)
- 1/4 de xícara (chá) de açúcar (43g)
- 1 ovo médio
- 1/2 xícara (chá) de fubá (63g)
- 1 colher (sopa) de chocolate em pó (18g)
- 1/4 de xícara (chá) de farinha de trigo (25g)
- 1/4 de xícara (chá) de leite de coco (50ml)
- 1 colher (sopa) de queijo minas padrão ralado (11g)
- 1 colher (chá) de fermento em pó (6g)
- margarina para untar

modo de preparo
Unte as formas com margarina, enfarinhe e reserve. Bata, na batedeira, a manteiga com o açúcar até formar um creme leve. Junte o ovo e bata mais um pouco. Adicione o fubá, o chocolate, a farinha de trigo, o leite de coco, o queijo e o fermento. Passe a mistura para as formas e leve ao forno em temperatura média (200°C) por cerca de 30 minutos. Sirva quente ou frio.

rendimento: 3 porções
tempo de preparo: 20 minutos
tempo de forno: 30 minutos

que tal utilizar ingredientes funcionais?
♥ Substitua o fubá por amaranto em flocos, na mesma quantidade.
♥ Acrescente 1/2 colher (sopa) de Alimento Funcional em Pó à massa antes de colocá-la na forma.
♥ Acrescente 1 colher (sopa) de grãos de aveia cozidos à massa antes de colocá-la na forma.

para ficar + light
♥ O leite de coco e o queijo minas padrão podem ser substituídos pela versão light desses produtos.
♥ O açúcar pode ser substituído por adoçante culinário, na mesma quantidade ou seguindo as recomendações da embalagem.
♥ A manteiga pode ser substituída por margarina light, na mesma quantidade.
♥ O chocolate em pó pode ser substituído por cacau em pó, que não contém açúcar.

Bolo de Laranja com Pera

ingredientes
- 1/4 de laranja descascada sem sementes (38g)
- 1/4 de xícara (chá) de óleo (50ml)
- 1 ovo médio
- 2 colheres (sopa) de açúcar cristal (40g)
- 1/4 de xícara (chá) de farinha de trigo (50g)
- 2 colheres (sopa) de amido de milho (20g)
- 1/2 colher (chá) de raspas de laranja (menos de 1g)
- 1/2 pera descascada e picada em cubos (75g)
- 1 colher (chá) de fermento em pó (6g)
- margarina para untar

calda
- 1/4 de xícara (chá) de açúcar cristal (48g)
- 1/4 de xícara (chá) de suco de laranja (50ml)

modo de preparo
Unte as formas com margarina, enfarinhe e reserve. Bata, no liquidificador, a laranja picada, o óleo, o ovo e o açúcar. Coloque em uma tigela e misture a farinha de trigo, o amido de milho, as raspas de laranja, a pera e o fermento. Passe a mistura para as formas e leve ao forno em temperatura média (200°C) por cerca de 30 minutos.

calda
Leve ao fogo o suco de laranja e o açúcar e ferva até formar uma calda não muito grossa. Desenforme os bolinhos e regue a calda sobre eles.

rendimento: 3 porções
tempo de preparo: 20 minutos
tempo de forno: 30 minutos

que tal utilizar ingredientes funcionais?
- ♥ Acrescente 1/2 colher (sopa) de Alimento Funcional em Pó à massa antes de colocá-la na forma.
- ♥ Substitua a farinha de trigo por farelo de aveia, na mesma quantidade.
- ♥ Acrescente 2 colheres (sopa) de morangos picados à massa antes de colocá-la na forma.

para ficar + light
- ♥ O açúcar cristal pode ser substituído por adoçante culinário, na mesma quantidade ou seguindo as recomendações da embalagem. Para a calda, será necessário diluir 1/4 de colher (chá) de amido de milho no suco de laranja ainda frio e levar ao fogo com o adoçante para engrossá-la.
- ♥ O óleo pode ser substituído por margarina light, na mesma quantidade.

Bolo Moreno

ingredientes
- 1/4 de xícara (chá) de margarina com sal (45g)
- 1/3 de xícara (chá) de açúcar mascavo (42g)
- 1 gema média
- 1/4 de xícara (chá) de café bem forte (50ml)
- 1/2 colher (chá) de essência de baunilha (1g)
- 1/2 xícara (chá) de farinha de trigo com fermento (50g)
- margarina para untar

cobertura
- 150g de chocolate ao leite
- 1/4 de xícara (chá) de creme de leite (50ml)

modo de preparo
Unte as formas com margarina, enfarinhe e reserve. Bata, na batedeira, a margarina, o açúcar mascavo e a gema até obter um creme leve. Junte o café, a essência de baunilha e a farinha de trigo com fermento. Passe a mistura para as formas e leve ao forno em temperatura média (200°C) por cerca de 30 minutos. Retire e desenforme.

cobertura
Pique o chocolate e derreta-o em banho-maria junto com o creme de leite. Espere esfriar e cubra os bolinhos com essa cobertura.

rendimento: 3 porções
tempo de preparo: 25 minutos
tempo de forno: 30 minutos

que tal utilizar ingredientes funcionais?
♥ Acrescente 1 colher (sopa) de sementes de linhaça dourada à massa antes de colocá-la na forma.
♥ Acrescente 1/2 colher (sopa) de Alimento Funcional em Pó à massa antes de colocá-la na forma.
♥ Acrescente 1 colher (sopa) de granola à massa antes de colocá-la na forma.

para ficar + light
♥ O chocolate ao leite, o creme de leite e a margarina podem ser substituídos pela versão light desses produtos.
♥ O açúcar mascavo pode ser substituído por adoçante culinário, na mesma quantidade ou seguindo as recomendações da embalagem.
♥ Sirva esse bolo sem a cobertura.

Bolo de Gergelim

ingredientes
- 1/2 xícara (chá) de farinha de trigo com fermento (50g)
- 1/4 de xícara (chá) de açúcar de confeiteiro (33g)
- 1 pitada de sal (menos de 1g)
- 2 colheres (sopa) de sementes de gergelim preto (28g)
- 2 colheres (sopa) de leite de soja (28g)
- 1 ovo médio
- 1/2 colher (chá) de essência de baunilha (1g)
- 1/4 de xícara (chá) de margarina sem sal (45g)
- 1/2 colher (chá) de raspas de limão (menos de 1g)
- margarina para untar

modo de preparo
Unte as formas com margarina, enfarinhe e reserve. Em uma tigela, misture a farinha, o açúcar, o sal e as sementes de gergelim. No liquidificador, bata o leite de soja, o ovo, a essência de baunilha, a margarina e as raspas de limão. Junte a mistura aos ingredientes secos e misture bem. Passe para as formas e leve ao forno em temperatura média (200°C) por cerca de 30 minutos. Desenforme e sirva quente ou frio.

rendimento: ●●● 3 porções
tempo de preparo: 20 minutos
tempo de forno: 30 minutos

que tal utilizar ingredientes funcionais?
♥ Acrescente 1 colher (sopa) de Alimento Funcional em Pó à massa antes de colocá-la na forma.
♥ Acrescente 1/2 colher (sopa) de farinha de maracujá à massa antes de colocá-la na forma.
♥ Polvilhe 1 colher (sopa) de gérmen de trigo sobre o bolo antes de levá-lo ao forno.

para ficar + light
♥ O leite de soja e a margarina podem ser substituídos pela versão light desses produtos.
♥ O açúcar de confeiteiro pode ser substituído por adoçante culinário, na mesma quantidade ou seguindo as recomendações da embalagem.

Bolo de Mandioquinha

receita na página 30

Bolo de Mandioquinha

ingredientes
- 125g de mandioquinha cozida
- 1 colher (sopa) de óleo (11g)
- 1 gema média
- 1/4 de xícara (chá) de leite de coco (50ml)
- 1/4 de xícara (chá) de açúcar demerara (43g)
- 1/4 de xícara (chá) de farinha de rosca (20g)
- 1 colher (chá) de fermento em pó (6g)
- margarina para untar

cobertura
- 1 e 1/2 colher (sopa) de manteiga (38g)
- 1 e 1/2 colher (sopa) de açúcar (29g)
- 1 e 1/2 colher (sopa) de leite em pó (18g)

modo de preparo
Unte as formas com margarina, enfarinhe e reserve. No liquidificador, bata a mandioquinha, o óleo, a gema e o leite de coco. Coloque em uma tigela e adicione o açúcar, a farinha de rosca e o fermento. Passe a mistura para as formas e leve ao forno em temperatura média (200ºC) por cerca de 30 minutos. Deixe amornar e desenforme.

cobertura
Em uma panela, coloque 1 colher (sopa) de água, a manteiga, o açúcar e o leite em pó. Deixe ferver um pouco e cubra os bolinhos com essa calda. Deixe esfriar para secar.

rendimento: 3 porções
tempo de preparo: 25 minutos
tempo de forno: 30 minutos

que tal utilizar ingredientes funcionais?
♥ Acrescente 1/2 colher (sopa) de Alimento Funcional em Pó à massa antes de colocá-la na forma.
♥ Substitua o leite em pó por extrato de soja, na mesma quantidade.
♥ Substitua a farinha de rosca por farinha de arroz integral, na mesma quantidade.

para ficar + light
♥ O leite em pó e o leite de coco podem ser substituídos pela versão light desses produtos.
♥ O açúcar demerara e o refinado podem ser substituídos por adoçante culinário, na mesma quantidade ou seguindo as recomendações da embalagem.
♥ O óleo e a manteiga podem ser substituídos por margarina light, na mesma quantidade.

Mini Cuca de Banana com Goiabada

passo a passo da receita na página 42

ingredientes
- 1 ovo médio
- 1/4 de xícara (chá) de açúcar (43g)
- 2 colheres (sopa) de manteiga em temperatura ambiente (50g)
- 1 ovo médio
- 2 colheres (sopa) de leite (28g)
- 1/2 xícara (chá) de farinha de trigo (50g)
- 1 pitada de sal (menos de 1g)
- 1 colher (chá) de fermento em pó (6g)
- 1/4 de xícara (chá) de goiabada cortada em tiras finas (49g)
- 1 banana-prata cortada em rodelas (80g)
- canela em pó e açúcar para polvilhar
- margarina para untar

modo de preparo
Unte as formas com margarina, enfarinhe e reserve. Bata, na batedeira, o açúcar, a manteiga e a gema até formar um creme. Junte o leite, a farinha de trigo, o sal e o fermento. Bata a clara em neve e as incorpore, delicadamente, à massa. Coloque metade da massa nas formas, espalhe as fatias de goiabada e preencha com a massa restante. Espalhe as rodelas de banana, polvilhe canela misturada com açúcar e leve ao forno em temperatura média (200°C) por cerca de 30 minutos. Deixe amornar e desenforme.

rendimento: 3 porções
tempo de preparo: 20 minutos
tempo de forno: 30 minutos

que tal utilizar ingredientes funcionais?
- Acrescente 1/2 colher (sopa) de Alimento Funcional em Pó à massa antes de colocá-la na forma.
- Substitua 1/4 de xícara (chá) de farinha de trigo por cevada em flocos.
- Acrescente 1/2 colher (sopa) de tahine à massa antes de colocá-la na forma.

para ficar + light
- O leite e a goiabada podem ser substituídos pela versão light desses produtos.
- O açúcar da massa pode ser substituído por adoçante culinário, na mesma quantidade ou seguindo as recomendações da embalagem.
- A manteiga pode ser substituída por margarina light, na mesma quantidade.
- Polvilhe somente a canela (sem o açúcar) sobre o bolo, antes de assar.

Mini Cuca de Banana com Goiabada

receita na página 31

Bolo de Refrigerante e Banana

ingredientes
- 1 colher (sopa) de manteiga em temperatura ambiente (25g)
- 1/3 de xícara (chá) de açúcar (57g)
- 1/3 de xícara (chá) de refrigerante de laranja em temperatura ambiente (67ml)
- 1/4 de xícara (chá) de farinha de trigo (25g)
- 1/4 de xícara (chá) de creme de arroz (28g)
- 1/4 de xícara (chá) de banana-passa picada (35g)
- 1 colher (chá) de fermento em pó (6g)
- 1 clara média
- margarina para untar

modo de preparo
Unte as formas com margarina, enfarinhe e reserve. Bata, na batedeira, a manteiga com o açúcar. Adicione o refrigerante de laranja, a farinha de trigo e o creme de arroz, batendo sempre. Pare de bater e misture a banana-passa e o fermento. Bata a clara em neve e a incorpore, delicadamente, à massa. Passe para as formas e leve ao forno em temperatura média (200ºC) por cerca de 30 minutos. Deixe amornar e desenforme.

rendimento: 3 porções
tempo de preparo: 20 minutos
tempo de forno: 30 minutos

que tal utilizar ingredientes funcionais?
♥ Substitua o refrigerante de laranja por suco de laranja natural, na mesma quantidade.

♥ Substitua a farinha de trigo branca por farinha de trigo integral, na mesma quantidade.

♥ Acrescente 1/2 colher (sopa) de Alimento Funcional em Pó à massa antes de colocá-la na forma.

para ficar + light
♥ O refrigerante pode ser substituído pela versão light desse produto.

♥ O açúcar pode ser substituído por adoçante culinário, na mesma quantidade ou seguindo as recomendações da embalagem.

♥ A manteiga pode ser substituída por margarina light, na mesma quantidade.

Bolo de Abobrinha

ingredientes
- 1/2 xícara (chá) de farinha de trigo (50g)
- 1/2 xícara (chá) de açúcar (85g)
- 2 colheres (sopa) de óleo (22g)
- 1/2 xícara (chá) de abobrinha ralada no ralo grosso (98g)
- 1 colher (chá) de fermento em pó (6g)
- 1 clara média
- margarina para untar

modo de preparo
Unte as formas com margarina, enfarinhe e reserve. Em uma tigela, misture a farinha de trigo e o açúcar. Adicione 1/4 de xícara (chá) de água morna e o óleo, misturando bem. Acrescente a abobrinha e o fermento. Bata a clara em neve e a incorpore, delicadamente, à massa. Passe para as formas e leve ao forno em temperatura média (200°C) por cerca de 30 minutos. Deixe amornar e desenforme.

rendimento: 3 porções
tempo de preparo: 20 minutos
tempo de forno: 30 minutos

que tal utilizar ingredientes funcionais?
♥ Substitua 1/4 de xícara (chá) de farinha de trigo por aveia em flocos.

♥ Acrescente 1/2 colher (sopa) de Alimento Funcional em Pó à massa antes de colocá-la na forma.

♥ Acrescente 1/2 colher (sopa) de quinua vermelha em flocos à massa antes de colocá-la na forma.

para ficar + light
♥ O açúcar pode ser substituído por adoçante culinário, na mesma quantidade ou seguindo as recomendações da embalagem.

♥ O óleo pode ser substituído por margarina light, na mesma quantidade.

Bolo de Milho com Calda e Coco

ingredientes
- 1 espiga de milho fresco (110g)
- 1/2 lata de leite condensado (198g)
- 2 colheres (sopa) de óleo (22g)
- 1/4 de xícara (chá) de farinha de trigo (25g)
- 1/4 de xícara (chá) de farinha de mandioca crua (33g)
- 1 colher (chá) de fermento em pó (6g)
- 1 clara média
- margarina para untar

calda
- 2 colheres (sopa) de açúcar (38g)
- 1/2 vidro de leite de coco (100ml)

modo de preparo
Unte as formas com margarina, enfarinhe e reserve. Corte os grãos de milho da espiga e bata, no liquidificador, junto com o leite condensado e o óleo. Coloque em uma tigela e misture a farinha de trigo, a farinha de mandioca e o fermento. Bata a clara em neve e a incorpore, delicadamente, à massa. Passe para as formas e leve ao forno em temperatura média (200°C) por cerca de 30 minutos. Deixe amornar e desenforme.

calda
Coloque o açúcar e a leite de coco em uma panela e leve a fogo até formar uma calda não muito grossa. Despeje sobre os bolinhos.

rendimento: 3 porções
tempo de preparo: 20 minutos
tempo de forno: 30 minutos

que tal utilizar ingredientes funcionais?
♥ Substitua a farinha de trigo branca por farinha de trigo integral, na mesma quantidade.

♥ Acrescente 1/2 colher (sopa) de Alimento Funcional em Pó à massa antes de colocá-la na forma.

♥ Substitua a farinha de mandioca crua por farinha de soja, na mesma quantidade.

para ficar + light
♥ O leite condensado e o leite de coco podem ser substituídos pela versão light desses produtos (veja a receita do leite condensado light na página 46).

♥ O óleo pode ser substituído por margarina light, na mesma quantidade.

♥ Sirva o bolo sem a calda.

Bolo Branco de Brigadeiro

ingredientes
- 1 ovo médio
- 1/2 xícara (chá) de açúcar (85g)
- 1/4 de xícara (chá) de margarina (45g)
- 3/4 de xícara (chá) de farinha de trigo (75g)
- 1 pitada de sal (menos de 1g)
- 1/4 de xícara (chá) de leite (50ml)
- 1 colher (chá) de fermento em pó (6g)
- margarina para untar

recheio e cobertura
- 1/2 lata de leite condensado (198g)
- 1 colher (sopa) de chocolate em pó (18g)
- 1/2 colher (sopa) de margarina (13g)
- chocolate granulado para polvilhar

modo de preparo
Unte as formas com margarina, enfarinhe e reserve. Na batedeira, bata a clara em neve e reserve. À parte, bata o açúcar com a margarina até ficar cremoso e junte a gema. Em uma tigela, misture a farinha, o sal e vá adicionando essa mistura aos poucos, ao creme de margarina, intercalando com o leite. Acrescente o fermento e pare de bater. Incorpore, delicadamente, a clara em neve. Passe para as formas e leve ao forno em temperatura média (200°C) por cerca de 30 minutos. Deixe amornar e desenforme.

recheio e cobertura
Em uma panela, coloque o leite condensado, o chocolate e a margarina. Leve ao fogo, mexendo sempre, até começar a soltar do fundo da panela. Corte os bolinhos ao meio e recheie com metade desse brigadeiro. Cubra com a parte de cima dos bolinhos e espalhe o restante do brigadeiro sobre eles. Polvilhe o chocolate granulado para finalizar.

rendimento: 3 porções
tempo de preparo: 35 minutos
tempo de forno: 30 minutos

que tal utilizar ingredientes funcionais?
♥ Substitua 1/2 xícara (chá) de farinha de trigo branca por farinha de trigo integral.
♥ Acrescente 1/2 colher (sopa) de Alimento Funcional em Pó à massa antes de colocá-la na forma.
♥ Substitua o leite comum por leite de soja, na mesma quantidade.

para ficar + light
♥ O leite condensado, o leite e a margarina podem ser substituídos pela versão light desses produtos (veja a receita do leite condensado light na página 46).
♥ O açúcar pode ser substituído por adoçante culinário, na mesma quantidade ou seguindo as recomendações da embalagem.
♥ O chocolate em pó pode ser substituído por cacau em pó, que não contém açúcar.

passo a passo

Mini Cuca de Banana com Goiabada

1 - Unte as formas com margarina.

2 - Coloque um pouco de farinha nas formas.

3 - Espalhe a farinha por toda a superfície interna. Reserve.

4 - Coloque o açúcar na tigela da batedeira.

5 - Junte a manteiga.

6 - Acrescente a gema.

7 - Bata bem até a mistura ficar homogênea.

8 - Adicione o fermento.

9 - Coloque a farinha.

10 - Junte o leite.

11 - Misture tudo, batendo por 30 segundos.

12 - Coloque a clara na outra tigela da batedeira.

13 - Bata até o ponto de neve.

14 - Coloque a clara sobre a massa.

15 - Misture a claras à massa, delicadamente.

16 - Coloque metade da massa nas formas reservadas.

17 - Divida a goiabada entre as formas.

18 - Coloque o restante da massa sobre a goiabada.

19 - Espalhe as rodelas de banana sobre a massa.

20 - Misture a canela em pó com o açúcar.

21 - Polvilhe essa mistura sobre as bananas.

22 - Leve ao forno em temperatura média (200°C por cerca de 30 minutos).

23 - Retire do forno, deixe amornar e desenforme.

o mundo moderno exige que você entenda as diferenças nutricionais!
alimentos light, diet e funcionais
veja as receitas na página 46 ▶

♥ Você leu este livro e já conhece essas diferenças? Ótimo, você pode passar direto para as receitas, escolhendo o jeito que será todo seu de preparar o prato escolhido – porque receita sempre depende, em boa medida, do modo de quem faz, não é?

♥ Sabemos que a criatividade e o estilo de cada um sempre passam para cada receita: muitas vezes, ela é somente uma referência, uma forma de nos dar uma inspiração, um caminho a ir em frente. Foi para isso que fizemos este livro, para que ele seja como uma fonte de inspiração. Porém, para muitos, talvez ainda seja necessário explicar e destrinchar as importantes diferenças entre os ingredientes salientados: light, diet e funcionais.

♥ Para começar, não confundir light com diet: os produtos que levam a menção light são aqueles que têm redução mínima de 30% no valor calórico total da porção. Já os produtos diet são os que não contêm nada de açúcar e são indicados para pessoas que não podem consumi-lo. Mas atenção: isso não significa que os produtos diet sejam menos calóricos! Esse detalhe merece toda a atenção, não é? O sorvete diet, por exemplo, apresenta mais calorias que a versão normal; o chocolate diet, em algumas fabricações, também pode conter um valor em calorias superior à versão normal, ou seja, a que leva açúcar.

♥ Visto isso, quando fornecemos neste livro uma versão light da receita, estamos apenas sugerindo que você utilize ingredientes com essa chancela oficial (menos calorias que a fórmula inicial). Lembrando que tal sugestão não impõe uma dieta: serve apenas como curiosidade, se você quiser fazer uma restrição calórica.

♥ Mas e agora isso, de "alimentos funcionais"? Este termo bastante recente é utilizado para destacar alguns ingredientes, naturais ou industrializados que, quando utilizados corretamente, "ajudam" ou são mais eficientes que outros, na função de nutrir corretamente. Eis a razão para o termo: porque são de fato mais "funcionais". Exemplo: todas as fibras são mais funcionais, porque elas são essenciais ao bom funcionamento do aparelho digestivo, e a maioria da alimentação moderna, industrializada e pasteurizada, é desprovida de fibras vegetais. Por isso também é que os médicos costumam recomendar, por exemplo, farinha integral em vez da farinha branca normal.

♥ Você encontrará tudo isso nas opções de receitas do livro, como dicas de substituição de alguns ingredientes, ou adição de outros, que contenham uma espécie de mix de nutrientes "funcionais". Assim, introduzimos ingredientes ainda pouco conhecidos, ou pouco utilizados, justamente para incentivar você a ter uma nutrição mais completa e equilibrada. Mas é só uma dica! Não temos a intenção nesta coleção CookLovers de fazer um produto voltado às dietas, ou à restrição alimentar. Mas não custa dar boas dicas e apontar o lado mais saudável em relação aos prazeres da mesa. Portanto, apenas lembramos que se você puder ou quiser, vá aos poucos substituindo os produtos e ingredientes conhecidos por esses, que seguramente trarão melhor resultado nutricional, sem tirar o sabor de nada!

♥ Para completar, facilitamos ainda mais esse caminho para você: criamos uma receita que sintetiza vários componentes alimentares. Se você tiver um pouco mais de tempo, sugerimos que prepare também a receita básica do Alimento Funcional em Pó (também conhecido como "ração humana"). O Alimento Funcional em Pó vem a ser nada mais que uma composição de vários ingredientes ricos em fibras, carboidratos e vitaminas, combinados e preparados em uma espécie de farinha enriquecida. Na hora de preparar uma receita CookLovers, bastará substituir um pouco das farinhas normais por esse mix em pó. Muito fácil de fazer em casa, o Alimento Funcional em Pó pode ser guardado em um pote, pois tem longa conservação e pode ser utilizado em determinadas ocasiões, ou para uso geral.

♥ Por fim, uma palavra ainda, ou lembrete, também importante: se possível, introduza em seus hábitos alimentares os produtos orgânicos! Como eles, atualmente, têm que apresentar certificado e estão sob o controle dos órgãos agrícolas, terão uma procedência confiável e estão seguramente livres de agrotóxicos e produtos nocivos à saúde.

♥ E, agora sim, a dica essencial e final: ser um amante da gastronomia combina com cozinha sustentável. O que é isso? Bem, então vamos na próxima página para ler um pouco sobre esse tema importantíssimo e fundamental nos dias de hoje!

leite condensado light

ingredientes
- 1 xícara (chá) de leite em pó desnatado (60g)
- 1/2 xícara (chá) de água fervente (100ml)
- 1/2 xícara (chá) de adoçante culinário (10g)
- 1 colher (sopa) de margarina Becel sem sal (25g)

modo de preparo
Misture todos os ingredientes muito bem e armazene essa mistura em potes plásticos opacos, ou em vidros bem fechados, em local seco e arejado.

rendimento: 742g de produto
tempo de preparo: 10 minutos

alimento funcional em pó

ingredientes
- 20g de mamão seco triturado (liofilizado)
- 20g de abacaxi seco triturado (liofilizado)
- 20g de maçã seca triturada (liofilizada)
- 20g de banana seca triturada (liofilizada)
- 100g de farinha de linhaça estabilizada
- 100g de farelo de aveia
- 100g de fibra de trigo
- 100g de gérmen de trigo
- 75g de extrato de soja sem açúcar
- 50g de quinua em flocos
- 50g de semente de gergelim com casca
- 25g de cacau em pó
- 25g de levedo de cerveja em pó
- 25g de farinha de maracujá
- 12g de gelatina em pó incolor sem sabor

modo de preparo
Misture todos os ingredientes muito bem e armazene essa mistura em potes plásticos opacos, ou em vidros bem fechados, em local seco e arejado.

rendimento: 742g de produto
tempo de preparo: 10 minutos

dicas para uma cozinha sustentável

vivemos em um mundo repleto de oportunidades e desenvolvimento tecnológico, mas o preço é uma eterna responsabilidade por aquilo que fazemos ao nosso planeta

♥ Fiéis ao conceito CookLovers, que é o conceito daqueles que adoram a gastronomia, não poderíamos deixar de ser coerentes com a atual mensagem de preservação do meio ambiente e de práticas sustentáveis. A boa notícia é que a atitude de responsabilidade para nossa casa-planeta não é nada difícil de se aplicar na cozinha do cotidiano.

♥ Primeiramente, algumas sugestões iniciais e muito básicas:

- Planeje suas compras. Nada pior que o desperdício: faça lista de compras e seja consciente do que realmente necessita adquirir.
- No supermercado, procure produtos preferencialmente orgânicos: eles são mesmo mais caros, mas protegem não só o planeta, como também sua saúde.
- Que tal voltar a usar as antigas sacolas para carregar compras? As sacolinhas de plástico sozinhas parecem tão fininhas, inofensivas... Mas como são bilhões, estão virando vilãs da poluição, entre outros descartes e resíduos. Parece pouco, mas é que "você pode fazer" – e esse pouco faz diferença, quando somos milhares de pessoas fazendo a diferença!
- Procure se informar sobre a origem dos produtos que você consome. Entre nos sites, veja quais empresas têm uma política de reciclagem, defesa do meio ambiente. Afinal, é sempre bom você saber o que está comendo!

♥ Mas, e na prática, como fica? A sustentabilidade tem que ser praticada diariamente. Portanto, organize-se: Reduza, Recicle, Reutilize são os famosos três R do ambientalismo. Reduza o consumo de luz, água e gás, com atitudes muito simples, tais como:

- Afaste bem o fogão da geladeira, assim ela não perde tanto o frio de sua temperatura e consome menos, porque não precisa "trabalhar" tanto.
- Água de lavagem de pratos é um grande desperdício: não deixe a torneira aberta, coloque a louça suja na pia e ensaboe tudo de uma vez, só voltando a utilizar a água no momento de enxaguar.
- Tem sobras de alimentos? Sobrou o quê? As cascas e talos podem ser utilizados em ótimas receitas, os pratos não consumidos podem virar sopas, suflês, omeletes... Exerça sua criatividade! Nada de jogar fora!
- Tem coleta de lixo reciclado em sua casa ou apartamento? Exija isso! Cada ser humano produz em média uma tonelada de lixo por ano, sabia? Temos que fazer algo a respeito e no mínimo praticar a coleta seletiva, certo?
- Não jogue óleo na pia, pois causa entupimentos na rede de esgoto. Armazene o óleo utilizado em garrafas de plástico e entregue-o em postos de coleta (em geral, grandes supermercados prestam esse serviço).

♥ Há mais uma porção de pequenas atitudes que, com um pouco de participação e boa vontade, são bem simples de realizar. Como diz o ditado: "de grão em grão a galinha enche o papo"; assim funciona também com a prática sustentável.

Rua Valois de Castro, 50 - Vila Nova Conceição
04513-090 - São Paulo - SP - Brasil
Tel.: 11 3846-5141 - contato@boccato.com.br
www.boccato.com.br - www.cooklovers.com.br

© Editora Boccato / CookLovers

edição André Boccato
coordenação editorial Manon Bourgeade / Maria Aparecida C. Ramos
assistente editorial Lucas W. Schmitt
coordenação administrativa Daniela Bragança
elaboração das receitas Aline Maria Terrassi Leitão
cozinha experimental Ciene Cecilia da Silva / Henrique Cortat
fotografias Cristiano Lopes
produção fotográfica Airton G. Pacheco
diagramação Arturo Kleque G. Neto / Lucas W. Schmitt / Manon Bourgeade
tratamento de imagens Arturo Kleque G. Neto
revisão Maria Luiza Momesso Paulino
diretor comercial Marcelo Nogueira
colaboração Carla Mariano / Cristiane Coelho Ognibene / Fernado Aoki / Jezebel Salem / Renata Martins / Rogério Barracho

As fotografias das receitas deste livro são ensaios artísticos, não necessariamente reproduzindo as proporções e realidade das receitas, as quais foram criadas e testadas pelos autores, porém sua efetiva realização será sempre uma interpretação pessoal dos leitores.

```
Dados Internacionais de Catalogação na Publicação (CIP)
         (Câmara Brasileira do Livro, SP, Brasil)

    Boccato, André
       Mini bolos para lanches : receitas com
    alternativas de ingredientes funcionais e light /
    André Boccato & Estúdio CookLovers. -- São Paulo :
    Editora Boccato, 2010.


    1. Bolos (Culinária) 2. Culinária (Receitas)
    I. Estúdio CookLovers. II. Título.




10-09300                                    CDD-641.865
            Índices para catálogo sistemático:
    1. Bolos : Receitas : Culinária   641.8653
```

Peças e objetos das fotografias

Art Mix, Bontempo Móveis, Cecília Dale, Jorge Elias Boutique, M. Dragonetti Utensílios de Cozinha, Nelise Ometto Atelier de Cerâmica, Pepper, Porcelana Schmidt, Presentes Mickey, Roberto Simões Presentes, Spicy, Stella Ferraz Cerâmica e Suxxar.